非凡成长系列

尼尔·阿姆斯特朗
向月球出发

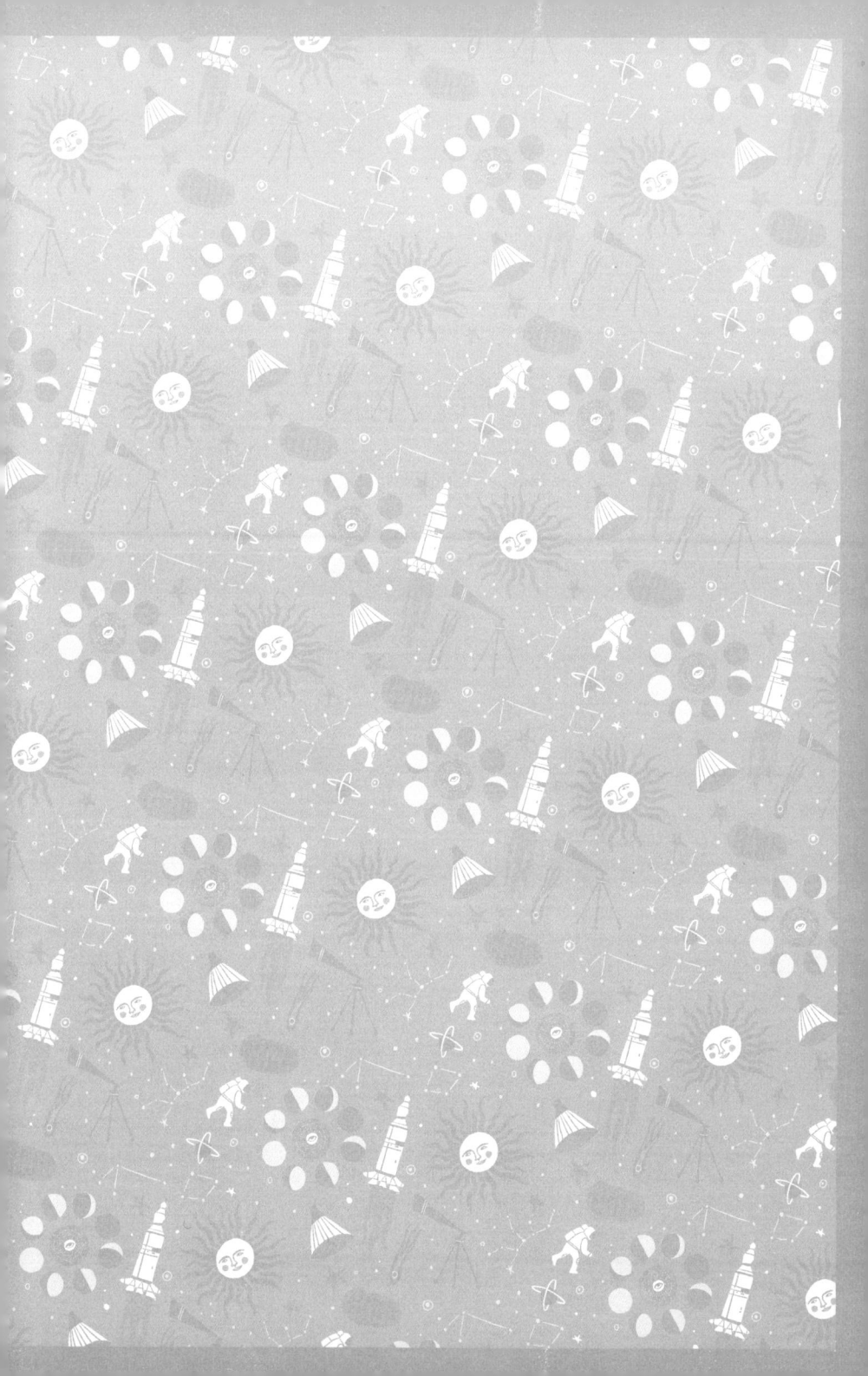

非凡成长系列

尼尔·阿姆斯特朗

向月球出发

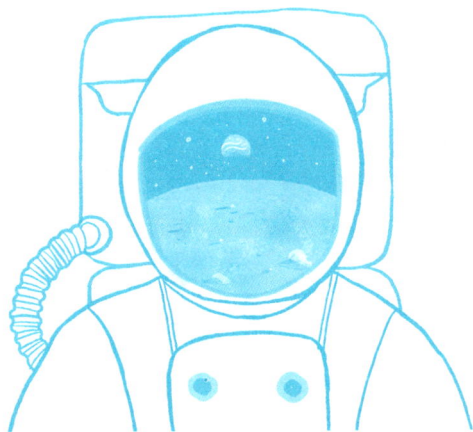

［法］马丁·霍华德　著

［澳］芙蕾达·赵　绘

苏艳飞　译

尼尔·阿姆斯特朗是谁?

美国当地时间 1969 年 7 月 21 日 2 点 56 分，一个男人扶着登月舱的梯子小心翼翼走下来，踏上了月球表面。全世界约有 5.3 亿人屏住呼吸，目不转睛地盯着黑白电视机里的这个画面。这个男人就是尼尔·阿姆斯特朗，"阿波罗" 11 号登月任务的指令长。

尼尔·阿姆斯特朗第一次完成月球行走任务时是三十八岁。他是一位沉静而少言寡语的工程师和飞行员。他曾说自己就像个"书呆子"。

尼尔·阿姆斯特朗成功登上月球那一刻是人类历史上最重要、最伟大的时刻之一。成功登上月球表明，人类的探索之旅可以延伸至太空。

小贴士

工程师：能够设计、制造机器，完成施工工作的专门人员。

月球漫步俱乐部——
一个极小的俱乐部

目前，成功登月的人屈指可数，一个小小的卧室就能容纳下全部曾经登上过月球的人。包括尼尔·阿姆斯特朗在内，也仅有十二人。

成功登月并非阿姆斯特朗一个人的成就。此时，待在"鹰"号登月舱里的副驾驶**巴兹·奥尔德林**正在待命，准备跟随阿姆斯特朗走下梯子，踏上月球。

在月球表面上方数千米处，**迈克尔·柯林斯**正驾驶着"哥伦比亚"号指令舱环绕月球进行**绕轨飞行**，等待时机接上阿姆斯特朗和奥尔德林一同返回地球。

小贴士

绕轨飞行：环绕某个物体运行。太阳系中的所有行星都环绕太阳运行。

月球是一种天体，是地球的卫星（围绕地球运行）。

在地球上，从总统到工程师，成千上万人为这次登月任务付出了艰辛努力。此次美国成功将三名宇航员送上月球，耗资数十亿美元。尼尔·阿姆斯特朗走出登月舱踏上月球的那一刻，将被人类永久铭记。那一刻是尼尔·阿姆斯特朗的时刻，他个人的一小步，却是人类的一大步，全世界记住了他的名字。

"我认为我们必定能登上月球，因为直面挑战是人类的本性。"

成长背景

1930 年 8 月 5 日，一个将来某天会登上月球的小男孩在美国俄亥俄州的一个小镇——沃帕科内塔呱呱坠地。这个小男孩就是尼尔·阿姆斯特朗。阿姆斯特朗的家里有三个孩子，他是老大。他拥有一个幸福快乐的童年。

阿姆斯特朗的爸爸史蒂芬·阿姆斯特朗是一名**审计员**。由于工作原因，他需要到各地长期出差，因此一家人不得不经常搬家。阿姆斯特朗十四岁的时候，一家人已经搬了十六次家。后来，一家人再次回到沃帕科内塔定居。

小贴士

审计员：检查并核实公司会计账目和财务报告的专门人员。

一家人所到之处，阿姆斯特朗都能很快交到新朋友。他博览群书，是一个安静的孩子，不喜欢成为众人瞩目的焦点。不过，他聪明、诚实、风趣、随和，人们都很喜欢他。

那时，人们的家里没有电视，只有广播。如果有人胆敢预言在未来 40 年内人类会登上月球，那肯定是让人笑掉大牙的事儿。那时能想出将人类送上太空的只有脑洞大开的科幻杂志，如《新奇故事》《宇宙科幻》。

你知道吗？

阿姆斯特朗在宁静的俄亥俄州长大。那时马拉车是人们出行的常用交通工具，就像现在的汽车一样普遍。

查尔斯·林德伯格

  曾经，绝大多数人认为人类是不可能飞行的。不过，到了阿姆斯特朗出生的时候，飞机已经风靡全球。1927 年，**查尔斯·林德伯格**成为第一个驾驶飞机飞越大西洋的人。

  查尔斯·林德伯格驾驶的是单引擎飞机。这架飞机被命名为"圣路易斯精神"号。

阿梅莉亚·埃尔哈特

　　在查尔斯·林德伯格驾驶飞机飞越大西洋一年后，**阿梅莉亚·埃尔哈特**也成功独自驾驶飞机飞越大西洋，成为实现这一惊人壮举的首位女飞行员。在阿姆斯特朗成长的世界里，飞行是人们所能想象到的最伟大的**冒险**。于是，他很快将自己的目标锁定在了天空。

　　阿梅莉亚·埃尔哈特飞越大西洋驾驶的是一架亮红色的洛克希德飞机，昵称"小红巴士"。

阿姆斯特朗两岁的时候第一次去逛了航空展，他非常喜欢玩玩具飞机。虽然他也喜欢音乐，还成了一名热心的童子军学员，不过驾驶飞机才是他的最爱。

八岁的时候，阿姆斯特朗利用一切业余时间来做模型飞机，如木头飞机、纸飞机。他还用橡皮筋来给**螺旋桨**提供驱动力。几年下来，他做了上百个飞机模型。

小贴士

童子军：美国青少年通过参加一系列户外活动来探索和学习，保持强健体魄，为将来要从事的职业做准备。

小贴士

螺旋桨是高速旋转的桨叶。在飞机上的喷气式发动机发明以前，所有飞机都是由螺旋桨来提供驱动力的。

你知道吗？

1941 年，美国加入第二次世界大战时，阿姆斯特朗十一岁。他用自己的方式参与到二战中来。例如，他做了许多飞机模型。这些飞机模型做得特别逼真，就连美国军方都用它们来教新兵区分敌机和友军飞机。

十五岁时，阿姆斯特朗在家附近的一家商店里做兼职。他用兼职挣来的钱去上飞行课程。在十六岁生日那天，他参加并通过了飞行员执照考试。

1947 年，阿姆斯特朗被普渡大学录取，主修**航空工程学**。得知这一消息，他开心得都跳了起来。

小贴士

普渡大学创办于 1869 年，位于美国印第安纳州，是世界知名大学，被誉为"美国航空航天之母"。我国著名"两弹元勋"邓稼先、火箭专家梁思礼都毕业于普渡大学。

阿姆斯特朗在大学期间的学费由美国海军（指挥舰艇的军队）支付。作为回报，他必须在大学学习两年后到海军服役三年。

这一时期，世界正在发生飞速的变化。科学家和工程师都在制造飞得更高更快的喷气式飞机和火箭。人们终于开始相信太空飞行也是一个可能实现的目标。

阿姆斯特朗年轻时做的选择正引领着他一步步靠近月球，加入海军就是其中最重要的决定。第一批宇航员中，绝大多数都是有工程专业背景的海军飞行员。**尼尔·阿姆斯特朗**即将成为一名拥有工程学学位的海军飞行员。

喷气式发动机

"想到将驾驶新型喷气式
战斗机奔赴前线，
我激动万分。"

大学第一年，阿姆斯特朗一切顺利。不过，在 1949 年 1 月，阿姆斯特朗被告知他到海军服役的时间将提前。

1949 年 2 月 24 日，十八岁的阿姆斯特朗前往位于佛罗里达州彭萨科拉的海军部队报到。将近两年时间里，他接受了飞行方面的专业训练。他所驾驶的训练机比以往所驾驶的更快、更难操作。1951 年年初，他被挑选去接受海军新型喷气式飞机驾驶训练。这是他梦寐以求的宝贵机会。喷气式飞机飞得更快，阿姆斯特朗喜欢这种高速飞行的刺激感。

有一次，阿姆斯特朗驾驶一架喷气式飞机遭遇事故——机翼被削去一米。不过他凭着自己的聪明才智以及丰富的驾驶经验，成功驾驶受损飞机返回，然后**跳伞**，安全着陆。

"我现在是，

将来也永远是，

一名穿着白袜子、

衬衫口袋里

总装着笔的

书呆子工程师。"

更高更快

1955 年，阿姆斯特朗以优异的成绩从大学毕业，拿到航空工程学学位。

对于一个热爱飞行和工程的年轻人而言，最佳就业选择就是申请进入美国国家航空咨询委员会（NACA）工作，成为一名**试飞员**。

小贴士

试飞员：专门承担飞机飞行试验任务的飞机驾驶员，旨在检测一架新飞机或现有飞机的性能是否能胜任飞行任务。

1947 年，查克·叶格成为第一个驾驶飞机**突破音障**的人。自此，美国国家航空咨询委员会一直致力于测试能够飞得更高更快的新型飞机。

小贴士

音速是指声音在空气中传播的速度，约为 1225 千米 / 小时。

当飞行速度达到音速的十分之九，飞行器周围的局部气流速度就可达到音速，气流会变紊乱，使飞行器剧烈抖动，难以驾驶。飞行器超过音速，突破这个不稳定的声波屏障，稳定飞行，就是突破音障。

你知道吗？

1962 年，阿姆斯特朗与查克·叶格搭班同飞。阿姆斯特朗试图将飞机降落在干涸的湖床上，但发现这个湖床并非他想象的那么干，机轮陷进了淤泥里，两人只得等待救援人员来救他们。阿姆斯特朗被卡在机舱内干坐着，皱着眉头苦着脸，而查克·叶格看着他的窘相忍不住捧腹大笑。

在开始新工作前，阿姆斯特朗回到母校普渡大学。他同**珍妮特·希伦**就是在普渡大学相识相知的。1956年，他们结婚了。不久后，阿姆斯特朗去了爱德华兹空军基地工作。

小贴士

爱德华兹空军基地创建于20世纪30年代，位于美国加利福尼亚州，是美国著名的空军基地之一，以降落航天飞机闻名，同时也是美国空军重要的试飞基地之一。

在爱德华兹空军基地工作不久后，阿姆斯特朗就参与了火箭**试验机**的试飞行动。这是一项艰巨而危险的任务，因为试验机不能自己起飞，必须由一架更大的飞机运载上天。

　　任何一个环节都可能**出错**。不久，阿姆斯特朗有机会驾驶一架携带着火箭试验机的超大型飞机（超级堡垒 B-29），向人们展示了他敏捷的思维和高超的飞行技术。

在飞行过程中，飞机上的一个引擎失灵了。失灵的引擎发出刺耳的轰鸣声。阿姆斯特朗驾驶飞机进行俯冲，飞机底部的试验机成功分离。一秒后，这个引擎**爆炸**，还有两个失灵，只有一个引擎能工作，更糟糕的是机舱驾驶室的控制设备也基本失灵；不过，阿姆斯特朗最后还是成功驾驶飞机安全着陆了。

飞机安全着陆后，航空专家注意到了这个智勇双全的飞行员，相信他能沉着冷静地驾驶试验飞机飞到太空边缘。

阿姆斯特朗在爱德华兹空军基地工作了七年，一直在试驾各种新型飞机。

阿姆斯特朗首次穿上宇航服是什么时候？

1957 年 8 月，阿姆斯特朗首次穿上宇航服，首次驾驶以火箭发动机提供动力的"贝尔 X-1B"飞机飞到约 18 千米的高空。

1958年，美国国家航空咨询委员会（NACA）更名为美国国家航空航天局（NASA），专门负责制订、实施美国的太空计划和开展航空、太空等科学研究。当时的美国总统向美国国家航空航天局下达命令：要不遗余力将美国宇航员送上太空。

　　阿姆斯特朗参与了一个新实验：他被绑在一根15米长的杠杆臂末端的吊舱中，随后机器启动，吊舱像游乐场里的旋转木马一样快速旋转起来。

这个实验的目的是测试飞行员能否在**重力**作用的影响下稳定地操作设备，因为乘坐火箭运载的航空器进入太空会产生类似的重力。

小贴士

重力：当你从静止到不断加速、快速移动时，你会感到自己越来越沉。如果你曾坐过飞机或是过山车，你就会发现这种感觉就像在飞机起飞或是过山车急速下陡坡时，一股强大的力量将人推回座位。坐在运载火箭搭载的航天器里起飞就是这种感觉，只不过此时将人推回座位的力量要大得多！

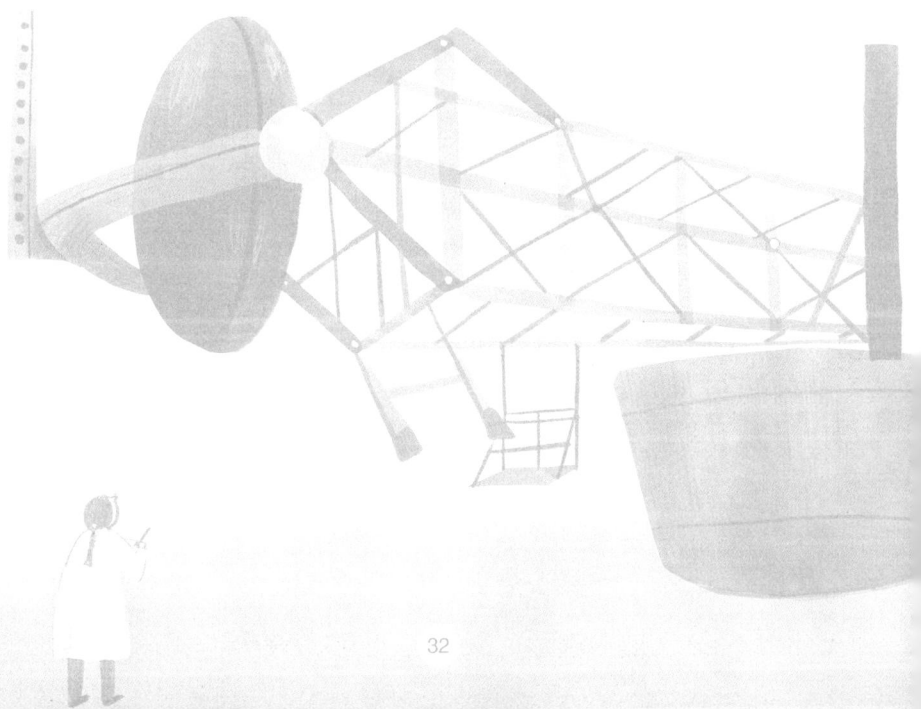

太空竞赛

20 世纪 60 年代初，美国同苏联展开了太空竞赛，看谁先征服太空。一开始，美国输了。1957 年 10 月，苏联成功发射了第一颗人造卫星 Sputnik 1。几年后，在 1961 年，苏联宇航员 **尤里·加加林** 成为第一个进入太空的人，他乘坐东方 -3KA 宇宙飞船环绕地球飞行。

尤里·加加林

1962 年 9 月，美国时任总统约翰·肯尼迪（美国第 35 任总统）宣布，美国将在 1970 年前实现人类登月。

"有人问了，为什么是送上月球，
而不是其他星球？
为什么选月球作为我们的目标？
当然，他们或许也会问，
为什么要攀登最高的山峰？
为什么三十五年前要飞越大西洋？
······

34

我们选择在这个十年登陆月球

及其他的挑战，

不是因为这些事情很容易，

恰恰相反，是因为它们很难……

因为我们乐意接受挑战……"

——约翰·肯尼迪

将人类送上月球是震惊全世界的辉煌时刻。

阿姆斯特朗原本考虑申请成为一名宇航员。不过，一开始他还是认为在爱德华兹空军基地的试飞员工作更为重要。1962年，他得知美国国家航空航天局在招聘新宇航员。这一次，阿姆斯特朗改变了想法，决定向美国国家航空航天局递交**申请书**。

阿姆斯特朗的宇航员申请书到达位于得克萨斯州休斯敦的美国国家航空航天局载人航天中心时，比申请截止日期晚了一周。本来逾期的申请是不被受理的，不过，载人航天中心的一位工作人员认识阿姆斯特朗，他认为阿姆斯特朗将会是一位伟大的宇航员，所以他把阿姆斯特朗的申请书悄悄塞进了一堆申请书里！

接下来的几个月，阿姆斯特朗接受了各种各样的测试。

你知道吗？

有些测试怪异得让人难以置信。有一次测试是往阿姆斯特朗的耳朵里喷射冰水，还有一次是让他坐在黑暗的屋子里，一坐就是好几个小时。

1962 年 9 月，阿姆斯特朗接到电话，得知自己通过了美国国家航空航天局的测试，即将成为一名宇航员，同时被录取的还有其他 8 人。将人类送上月球的计划被称为"阿波罗"计划。肯尼迪总统之前的预测是正确的：这是一项任重而道远的任务。那时，实现这次不可思议的太空旅行的技术和设备都还没有准备好。

"那时，世上没人做过这件事，

尚无先例，

我们没有经验可学。"

从运载火箭、新型燃料、航空计算机到宇航服等，一切都必须从零开始设计。美国国家航空航天局首先启动了"双子星座"计划，旨在制造和测试登月以及返回地球的一切相关所需品。阿姆斯特朗是位既有天分又努力的工程师，他以强烈的兴趣和废寝忘食的精神投入工作中，甚至还帮助设计师们解决了一些重大问题。

在执行第一次太空任务之前，阿姆斯特朗接受了极为严苛的训练。宇航员还得学习各种各样的数学知识，熟练操作各种设备。

你知道吗?

　　宇航员平时的一项训练是让宇航员乘坐飞机从高空俯冲降落。机上人员要经历三十秒的失重状态。很多人在第一次俯冲飞行训练时就大吐特吐，他们给这架飞机取名为"呕吐彗星"!

1966年3月，由阿姆斯特朗担任指令长的"双子星座"8号点火发射升空。他旁边坐着飞行员大卫·斯科特。这是他们的首次太空之旅。他们的任务是去对接一艘无人驾驶飞船，即两艘飞船必须实现无缝连接。这次对接是初次尝试，对执行"阿波罗"计划至关重要。这是因为，要想登陆月球表面，就必须使用登月舱。登陆月球后，想要离开，就得将登月舱从月球表面发射，然后同等待在月球轨道上的指令舱对接。如果对接失败，登月舱里的宇航员就永远也不可能回到地球

尼尔·阿姆斯特朗和大卫·斯科特完美地完成了对接任务。休斯敦地面控制中心的每个人都欢呼雀跃。随后，无线电里传来了大卫·斯科特的声音：

"我们遇到了
很严重的问题！"

他们的飞船失控，不停地旋转。阿姆斯特朗迅速操作设备，同无人驾驶飞船分离，但他仍无法控制"双子星座"8号飞船。飞船的一个推进器打开后卡住了，导致飞船在太空中疯狂地旋转。祸不单行的是，这时，他们同地面控制中心的通讯中断了。

小贴士

推进器：飞船上的小火箭，被用来改变飞船的速度和方向。

面对这种情况，任何人都可能惊慌失措，但是阿姆斯特朗反应冷静而敏捷，他开启了将飞船送回地球的返回控制系统。在他的操作下，"双子星座" 8 号飞船重新置于他的控制之下，出故障的推进器也被关掉了。

　　休斯敦地面控制中心重新同两名宇航员联系上时，阿姆斯特朗已成功挽救了飞船以及他和大卫·斯科特的生命。谢天谢地，他们的任务结束了！阿姆斯特朗接到命令，准备立即返航。

"保护飞船和全体人员的安全，

立即返航！

虽有遗憾，但未来可期。"

倒计时

　　过了三年多，阿姆斯特朗才再次进入太空。1966年，为登月任务测试各种新技术的"双子星座"计划结束。"阿波罗"计划闪亮登场，它将帮助人类实现真正的月球登陆。接下来三年多时间，太空飞行一步步靠近目标。

1968 年 12 月，"阿波罗" 8 号飞船成功绕
月球飞行，但没有登陆月球表面。1969 年 3 月，
虽然登月舱未登陆月球表面，但测试登月舱的任
务取得了成功。

你知道吗？

"阿波罗" 8 号太空任务于 1968 年的圣诞节
启动。全世界的人都在电视上看到了这一人类奇
迹，飞船指令长吉姆·洛弗尔说：

尼尔·阿姆斯特朗接下来的太空飞行任务是**"阿波罗"11号**。那时，没有人能确定"阿波罗"11号就是完成登月任务的计划。如果"阿波罗"8号、"阿波罗"9号、"阿波罗"10号这三个太空飞行任务任何一个出了差错，登月任务就只能推迟到"阿波罗"12号或"阿波罗"13号。很快，阿姆斯特朗被确定为此次登月任务的指令长，同行宇航员还有巴兹·奥尔德林和迈克尔·柯林斯。

世人得知"阿波罗"11号机组人员名单后，媒体记者问的第一个问题就是："谁将成为登月第一人？"

　　美国国家航空航天局最终决定由尼尔·阿姆斯特朗来迈出这具有重大历史意义的一步；奥尔德林将在阿姆斯特朗登月后几分钟，跟随他踏上月球表面；而柯林斯则继续驾驶指令舱绕月飞行，等待时机，接上他们一同返回地球。

　　对阿姆斯特朗而言，这具有历史意义的任务最重要的是登月任务本身，而非名利。

"我们这次任务最关键的是

要让四根铝制起落架

安全着陆在月球表面。"

"阿波罗"10号太空任务是一次完整的登月**"带妆彩排"**，是最后一次检测所有系统是否准备就绪，只不过不需要实质性地登上月球表面。工作人员发射登月舱的时候，阿姆斯特朗和机组人员专心听着无线电广播里的信息，确保他们能飞到月球表面上方，然后安全返回同指令舱对接。

　　最后，"阿波罗"10号顺利返回地球，宇航员们安然无恙。本次太空任务完成得非常好。于是，美国国家航空航天局宣布，"阿波罗"11号的宇航员将尝试踏上月球表面。

发射升空！

1969 年 7 月 16 日早上，尼尔·阿姆斯特朗、巴兹·奥尔德林和迈克尔·柯林斯进入"土星"5 号运载火箭的顶部飞船"阿波罗"号。"土星"5 号运载火箭将会把他们发射升空。

你知道吗？
"土星"5 号火箭
比自由女神像高
一倍多。

小贴士

自由女神像位于美国纽约哈德逊河口附近，高93 米，是法国在 1876 年送给美国的礼物，纪念美国独立 100 周年。自由女神像表达了人们争取民主、自由的崇高理想。

方圆几千米内，马路、海滩、空地上人山人海，人们凝视着远处这枚闪闪发光的白色火箭。

　　阿姆斯特朗的妻子珍妮特和两个儿子则站在附近香蕉河上的一艘轮船上观看。全球更有数亿人目不转睛地盯着电视期待着这一幕。三名宇航员被"绑"在"阿波罗"11号飞船的"哥伦比亚"号指令舱座椅上，戴上氧气设备。

你知道吗？

宇航员们靠飞船上配备的氧气生存，因为太空中没有可供呼吸的空气。

54

在进入"哥伦比亚"号指令舱前，阿姆斯特朗将一张自制车票交给发射台负责人。车票上写着：

太空出租车——可在星球间随意穿梭。

9点32分，"土星"5号火箭的引擎开始轰鸣。在"哥伦比亚"号指令舱里，阿姆斯特朗、奥尔德林、柯林斯几乎被火箭引擎的轰鸣声震聋。随着快速提速，火箭升上天空，冲出了地球的大气层。

"点火倒计时开始。

10、

9、

8、

7、

6、

5、

4、

3、

2、

1、

0。

发动机运转正常，点火！

点火程序启动，

美国当地时间 9 点 32 分，

'阿波罗' 11 号成功发射！"

——杰克·金（时任美国国家航空航天局新闻部主任）

在指令舱的窗外，天空逐渐由蓝色变为黑色。随着火箭离开地球大气层，飞行变得平稳起来，"哥伦比亚"号指令舱进入地球轨道飞行。

机组人员有 2 个小时 15 分钟的时间检查飞船系统是否运行正常。他们还要将登月舱同指令舱对接。一切准备就绪后，火箭发动机以比子弹还快的速度将"哥伦比亚"号指令舱送往月球。当火箭发动机的使命完成，第三级火箭就会被抛掉。这个大型的金属管会旋转着飞进太空。

你知道吗？

月球与地球之间的距离约为 38.4 万千米。飞船即使以超高速飞向太空，也得要三天多的时间才能到达月球。

阿姆斯特朗、奥尔德林、柯林斯飘浮在指令舱中，脱下他们笨重的宇航服，吃了专为宇航员准备的在**失重**环境下也可食用的太空食品。在他们身后，地球正变得越来越小。

小贴士

失重：离开地球后，在太空中没有引力将宇航员拉到地面，所以他们能穿着宇航服在宇宙飞船中飘浮起来。

舱内，三名宇航员忙于各种工作，确保"哥伦比亚"号指令舱运行正常。他们还用摄像机拍摄彼此的太空生活以供地球上的人们观看。阿姆斯特朗讲了他在太空看到的地球是什么样子，并在失重状态下做了**倒立动作**。

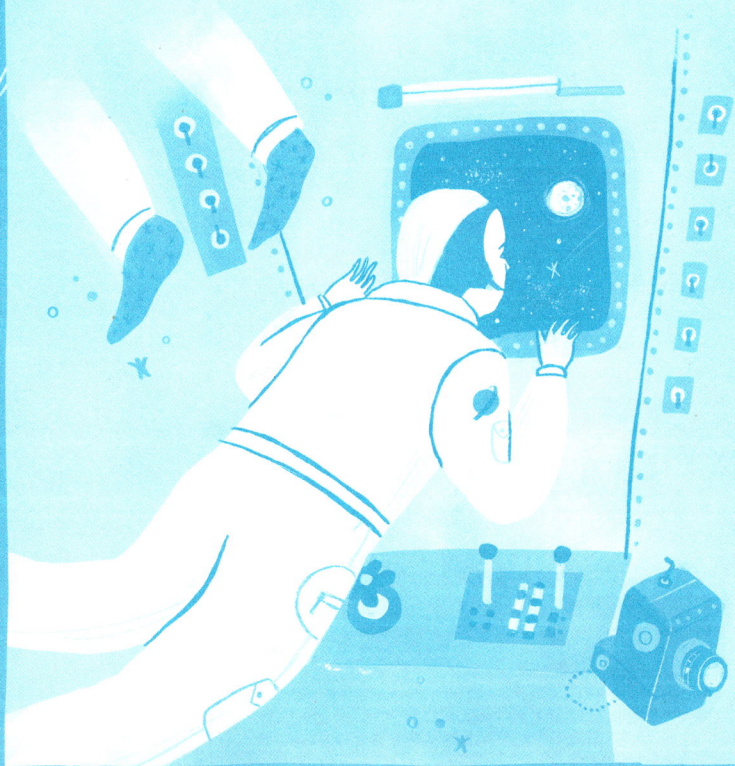

奥尔德林在失重状态下做了俯卧撑，柯林斯做了份炖鸡。阿姆斯特朗不拍摄、不工作时，就听听音乐，看着窗外银灰色的月球变得**越来越大**。

小贴士

太空食物：由于没有重力，在太空中吃喝变得异常困难。就连水都不能装在杯子里，因为水会飘浮起来！太空食物和饮料为宇航员提供所需营养，并且还必须易于储存和食用，所以太空食物通常使用真空包装。

在太空睡了三晚后，阿姆斯特朗、奥尔德林、柯林斯开始准备完成一项非常重要又棘手的任务。他们要驾驶着指令舱"哥伦比亚"号进入月球轨道，进行绕月飞行。这就需要找到精确角度，减速飞行，慢慢靠近。如果他们的角度不精确，飞船就会偏离月球轨道，径直飞向太阳。这使驾驶变得异常困难。

信号会短暂消失，是因为无线电波无法穿过或围绕月球传播。针对无法同宇航员通信的情况，地面控制中心早有准备。

"哥伦比亚"号指令舱绕到月球背面附近"消失"时，同地球联系的无线电信号曾一度消失。

在"阿波罗"11号飞船沉默的23分钟里，休斯敦地面控制中心也变得鸦雀无声。全世界的人们都屏气凝神地盯着电视屏幕。

飞行路径

当月球屏蔽掉"阿波罗"11号的无线电信号时，无线电广播静默了。

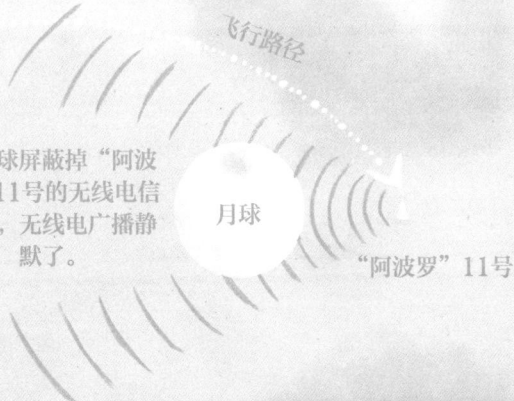

月球

"阿波罗"11号

地球

在这胆战心惊的 23 分钟里，飞船会按计划飞行呢，还是会猛冲向炽热的太阳？时间一分一秒地过去，简直让人"度分如年"。

突然，休斯敦地面控制中心收到了信号——"阿波罗"11 号已经掉头并进入月球轨道。很快，阿姆斯特朗向地面控制中心汇报，飞船成功进入月球轨道。他用了很多复杂的数学知识和术语，谈了角度、速度以及燃料消耗等问题。地面控制中心要求他重复一遍。阿姆斯特朗将其汇报简化成一句话：

"一切都非常完美！"

着陆月球

　　"阿波罗"11号登月任务的每个环节险象环生，不过最危险的还是在月球表面着陆这一环节。柯林斯继续留在"哥伦比亚"号指令舱中绕月飞行，阿姆斯特朗和奥尔德林将操纵"鹰"号登月舱在月球表面着陆。

在登月前，美国国家航空航天局已明确表示，如果出现任何问题，都没有办法实施救援。如果他们驾驶飞船失事或是不能回到"哥伦比亚"号指令舱，摄像机就会立即关闭。政府部门甚至都提前做了最坏的打算，如果阿姆斯特朗和奥尔德林在月球遭遇不幸，当时的美国总统就会发表演讲以纪念在执行登月计划的任务中遇难的英雄。

7月20日上午，阿姆斯特朗和奥尔德林进入小小的"鹰"号登月舱。阿姆斯特朗驾驶登月舱飞了一小段距离，然后点燃推进器。登月舱在"哥伦比亚"号指令舱窗前旋转了一会儿，柯林斯仔细检查了登月舱，确保他所见一切正常。最后他说："一切正常。"

"收到！'鹰'号分离。起飞！"

登月舱空间狭小，里面没有座位。当"鹰"号登月舱向月球降落，将在月球表面着陆这约 97 千米的过程中，阿姆斯特朗和奥尔德林只能站着。

小贴士

静海：月球上的静海并非我们通常所说的海。它是月球表面的一个阴暗部分，是很久很久以前火山喷发形成的一个大平原。

"阿波罗"11 号宇航员选择在月球表面着陆的地点是一个被称为**静海**的地方。这个地方表面平整，有利于安全着陆。

"鹰"号登月舱在月球上空盘旋，慢慢下降到最后准备降落的位置。阿姆斯特朗用六分仪核实他们降落的位置是否准确。

阿姆斯特朗和奥尔德林做了最后的检查。他们做的最后一件事是打开摄像机。

推进器被点燃后，"鹰"号登月舱开始向月球表面降落。登月舱里面，阿姆斯特朗仔细观察着月球表面。他很快意识到登月舱就快要错过着陆点了。

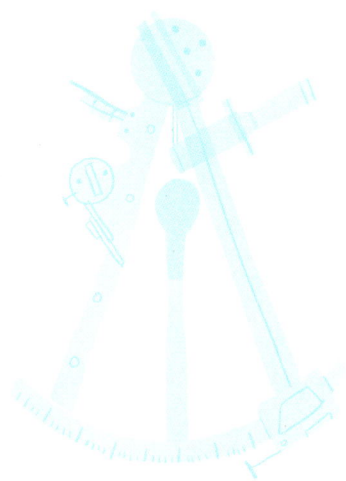

小贴士

六分仪是自 18 世纪以来，海员们常使用的一种老式导航仪器。

那时，他认为这不是什么大问题。他再次启动推进器，使"鹰"号登月舱直立，四根起落架准备接触月球表面。突然，警报响起来了，提示电脑**超负荷运作**。

阿姆斯特朗马上将问题汇报给休斯敦地面控制中心。"鹰"号登月舱离月球表面600米左右，正急速下降着。此时，另一台电脑的警报也响起来了。阿姆斯特朗没有管它。飞了这么远，都快接近月球表面了，他可不想因为电脑系统崩溃而放弃登月任务。

你知道吗？

20世纪60年代，电脑技术没有今天先进。"阿波罗"11号的宇航员使用的电脑远没有人们现在使用的手机强大。

阿姆斯特朗知道"鹰"号登月舱将错过之前选定的着陆点。他意识到新选的着陆点岩石更多，地面更崎岖。

　　在登月舱离月球表面45米时，阿姆斯特朗选了一个新着陆点。"鹰"号登月舱成功避开许多像汽车那么大的岩石，这些岩石中的任何一块都可能轻而易举毁掉登月舱。不过，除此之外，阿姆斯特朗将面临更多棘手的问题，比如燃料显示快用完了。更糟糕的是，"鹰"号登月舱推进器卷起了月球表面的尘土，模糊了阿姆斯特朗的视线，他很难看清着陆点。

这时，地面控制中心传来指令：

"再坚持30秒。"燃料确实只能支撑30秒了。
阿姆斯特朗娴熟地操控登月舱，**稳稳着陆**在月球表面。他和奥尔德林几乎没有感觉到任何颠簸。

"休斯敦，

这里是静海基地，

'鹰'号成功着陆！"

人类的一大步

这是人类第一次飞出地球，登上月球。这是人类历史上一个伟大的时刻！

全世界紧张地盯着电视机的人们松了一口气，欢呼雀跃，喜极而泣。他们打开香槟庆祝，并祈祷宇航员们平安返回。

几十万千米之外，阿姆斯特朗同奥尔德林紧紧握手，说：

"我们继续吧！"

首先，他和奥尔德林必须确保"鹰"号登月舱能再次顺利起飞。之后，他们吃了些熏肉和桃子。事实上，六个多小时后，阿姆斯特朗才打开"鹰"号登月舱舱门，扶着梯子慢慢下到月球表面。

阿姆斯特朗松手放开梯子，左脚踏上月球表面，他说了一句话，这句话至今依然被人们奉为名言。

"这是个人的一小步，
却是人类的一大步！"

阿姆斯特朗透过宇航帽上的面罩,看着月球上的**风景**:一片毫无生气的灰白色沙漠,到处是陨石坑和大岩石。阿姆斯特朗想,这也许就是月球独特的美。站在月球上,远方的地球几乎是唯一能看到的色彩。它挂在黑暗的太空中,就像云海中旋转的蓝宝石。

"我突然意识到，
那颗漂亮的蓝色小豌豆就是地球。
我竖起大拇指，闭上一只眼睛，
大拇指完全把地球遮住了。
此刻，我并未感觉自己像巨人，
而是感觉自己非常渺小。"

在月球上的大多数时间，阿姆斯特朗都拿着摄像机在拍摄月球，所以阿姆斯特朗在月球上的唯一一张照片是奥尔德林宇航帽面罩上的影像。

阿姆斯特朗下到月球表面几分钟后，奥尔德林也踏上了月面。由于月球的引力较小，所以正常走路变得异常困难，他们的每一步都是半走半跳。

你知道吗？

月球引力只有地球的六分之一。因此，如果用同样的力起跳，在月球上跳起的高度是地球上的6倍多。

阿姆斯特朗和奥尔德林有一系列任务要完成。首先，他们代表人类在月球上留下了一块金属纪念牌（起落架也将留在月球上）。阿姆斯特朗通过无线电设备告诉地球上的人们，金属纪念牌上写的是：

"公元 1969 年 7 月，
来自地球的人类首次踏上月球。
我们为人类的和平而来。"

　　随后，他们插上一面美国国旗。紧接着，地面控制中心给他们接通了尼克松总统的电话。

阿姆斯特朗和奥尔德林采集了月球岩石样本，在月球上安装了实验设备。约**两个半小时**后，地面控制中心告诉他们是时候结束月球行走任务了。奥尔德林先回到"鹰"号登月舱，十分钟后，阿姆斯特朗也回到登月舱。在关闭舱门之前，他们扔出几枚奖章，以纪念已故的苏联和美国的宇航员。他们还扔出一根代表和平的金色橄榄枝。随后，他们关闭舱门，将登月舱内加满氧气，这样他们就能脱掉笨重的宇航服了。两人都闻到登月舱里有一股异样的气味，那是通过舱门带进来的月球尘埃的气味。他们第一次闻到了月球的气味。据阿姆斯特朗和奥尔德林说，那是一种像湿煤灰的气味。

二人检查了"鹰"号登月舱的系统，又吃了一顿饭，然后就安心睡觉了。七个小时后，地面控制中心叫醒了他们。

在月球上待了将近一天，**"鹰"号** 登月舱需要同"哥伦比亚"号指令舱对接，然后一同启程返回地球。从月球上发射升空，到同在月球上方飞行的指令舱对接，这又是一项危险而棘手的任务。成百上千个环节都可能出问题，任何一个问题都意味着柯林斯不得不将阿姆斯特朗和奥尔德林留在太空。

起飞很顺利。登月舱成功离开月球表面，起落架则留在了月球表面。

对接花了三个小时，这是令人胆战心惊的三个小时。宇航员们遇到的最后一个难题是在阿姆斯特朗和奥尔德林同柯林斯会合的时候，柯林斯因操作太快触到了一个开关，"鹰"号登月舱开始旋转着远离"哥伦比亚"号指令舱。幸运的是，三人都是王牌飞行员，很快就把问题解决了。

阿姆斯特朗和奥尔德林满身是月球灰尘。他们跌跌跄跄地进了"哥伦比亚"号指令舱。设备和样本被转移到指令舱里，"鹰"号登月舱开始了它最后的旅程——绕月飞行几年，最后坠毁在月球表面。登月任务最危险的部分结束了，这次登月任务取得了巨大的成功，接下来就是返回地球的漫长旅程。

你知道吗？

尼尔·阿姆斯特朗是第一个踏上月球表面的人，而巴兹·奥尔德林则是第一个在月球上上厕所的人，他使用的是宇航服里的特制管子！

"我为我们取得的成功

欣喜若狂，

同时也

深感惊讶！"

英雄归来

1969 年 7 月 24 日，"阿波罗" 11 号飞船像彗星一样划过地球大气层。三个**降落伞**在载着三名宇航员和珍贵月球岩石样本的飞船指令舱上方打开，几分钟后，三人乘坐的指令舱溅落在太平洋中。

美国海军的"大黄蜂"号航空母舰很快就把他们接走了。

在直升机将他们接上"大黄蜂"号航空母舰之前，阿姆斯特朗、奥尔德林、柯林斯都穿上了特制的隔离服。当他们坐直升机降落在"大黄蜂"号航空母舰的甲板上时，海军军官们热烈鼓掌，欢迎英雄凯旋。雷鸣般的掌声淹没了乐队的演奏声。美国总统尼克松也在场，他倚着栏杆，向返航的宇航员们挥手致意。

本次太空任务接近尾声。不过，宇航员们想要同家人团聚，还得等上两周时间。这两周，他们将被**隔离**起来。

三人都知道了他们的月球之旅在地球上引起了轰动，但他们谁也没有预料到回地球后会被隔离。

两周后，阿姆斯特朗获准回家同

小贴士

"隔离"是指断绝同他人的接触。将宇航员隔离起来，就是防止他们将月球上的未知的"太空细菌"带到地球上。

家人团聚。大街小巷挤满了欢呼的普通民众、电视台记者、报社记者、摄影师等，阿姆斯特朗不得不拼命挤过人群，才回到了家中。

阿姆斯特朗并没有多少时间休息。全世界的人都想知道他的这次不可思议的**冒险经历**。

阿姆斯特朗从来都不喜欢待在媒体的聚光灯下，但现在他位居世界名人之列：第一个登上月球的人、一个现实中的传奇人物、一个实至名归的大英雄，他得参加各种采访活动、新闻发布会、电视节目等。

在纽约市访问期间，阿姆斯特朗、奥尔德林、柯林斯乘坐的敞篷汽车驶上大街，数万人挤上街头一睹他们的风采。彩带和五彩纸屑在空中飘扬。人们的欢呼声此起彼伏。他们在芝加哥市访问时也是如此。重要人物排着队同阿姆斯特朗握手。在洛杉矶，美国总统尼克松举办了一场盛大的聚会，包括好莱坞明星们在内的一千多名嘉宾受邀与宇航员们会面。

在休斯敦，还举办了一场户外烧烤会，数千人受邀参加。短短 45 天的时间里，阿姆斯特朗、奥尔德林、柯林斯访问了全球 25 个国家，会见了这些国家的总统、首相、国王和女王（包括英国女王伊丽莎白二世）。所到之处，宇航员们都得到了人们的高度赞扬。

　　世界巡回任务结束后，阿姆斯特朗还不确定自己将来的打算。美国国家航空航天局已明确表示，将不再派阿姆斯特朗执行太空任务。他现在太重要了，不能让他再冒生命危险。金钱和名誉都不是阿姆斯特朗最在意的，他准备等自己逐渐淡出公众视线后，找一份远离媒体焦点的工作，回到他最热爱的领域——工程学。

阿姆斯特朗在美国国家航空航天局工作了一段时间，在 1971 年，也就是从月球回到地球两年后，他接受了俄亥俄州辛辛那提大学的邀请，去辛辛那提大学教授航空工程学，回到了自己的故乡。

你知道吗？

　　从月球返回地球后，阿姆斯特朗继续在美国国家航空航天局工作了一段时间。在此期间，他帮助工程师们开发了被称为"遥控自动驾驶仪"的计算机导航技术。该技术至今仍广泛运用于航空器和飞机导航。

"我们如何使用所学知识决定了

我们对地球、太空、月球的探索深度。

图书馆是智慧和思想的宝库。

好好利用吧！"

——密歇根州特洛伊市一个新图书馆的揭幕仪式上，
阿姆斯特朗致孩子们的一封信。

仰望星空

阿姆斯特朗的后半生都在竭力保护自己和家人的**隐私**。他认为自己被给予了太多的赞扬，但顺利完成登月任务其实汇聚了成千上万人的辛苦努力。

你听说过凯瑟琳·约翰逊吗？阿姆斯特朗、奥尔德林、柯林斯能成功完成登月任务，离不开科学家凯瑟琳·约翰逊等人的付出。

阿姆斯特朗认为，他能成为第一个登上月球的人纯属巧合。

> "我并非登月的
> 第一人选。
> 我只是被任命为首次
> 登月任务的指令长。"

阿姆斯特朗一如既往地对探索太空充满热情。他周游世界，就太空探索做巡回演讲。

你知道吗？

1986 年，"挑战者"号航天飞机在发射过程中爆炸坠毁。事故调查委员会很快成立，阿姆斯特朗担任调查委员会的副会长。

2010 年，阿姆斯特朗再次进入 **公众视野**。那一年，美国总统奥巴马取消了重返月球的昂贵计划。阿姆斯特朗公开反对这个决定。他希望宇航员们能飞得更高更远。他认为下一个伟大的航天计划应该是登陆火星——一颗真正的行星。

阿姆斯特朗再也没有进入过太空，但是他一直保存着自己的飞行员执照，一有机会，他就会驾驶飞机。他超喜欢驾驶无动力滑翔机的那种**安静**和**自由**的感觉。

由于常年忙于工作而疏忽了对家人的关心和照顾，阿姆斯特朗和珍妮特于 1994 年离婚。

　　后来，阿姆斯特朗和**卡罗尔·赫尔德·奈特**结婚，两人携手度过了余生。

即便年事渐高，阿姆斯特朗也从未停止过工作。他在世界各地参加各种科学学术活动，发表演讲，出席重大会议。2012年夏天，阿姆斯特朗最后一次公开露面。他在美国最古老的天文台——位于亚利桑那州旗杆镇的洛厄尔天文台上，向730名嘉宾讲述了"鹰"号登月舱着陆月球表面的过程。在他讲述的同时，大屏幕上播放着当时拍摄的视频。最后，阿姆斯特朗那句经典话语响了起来："'鹰'号成功着陆！"全场观众不约而同地站起来，爆发出雷鸣般的掌声。

2012 年 8 月，刚过了八十二岁生日不久，阿姆斯特朗被送往医院接受心脏手术。他曾多次与死神擦肩而过——担任试飞员，执行太空任务……最终，他躺在医院病床上安详离世。2012 年 8 月 25 日，阿姆斯特朗的精彩人生画上了圆满句号。

全世界的人们都在悼念这位伟人。他不仅是一位英雄，一位证明了人类可以在月球上行走的伟大**探险家**，他还是一个让人喜欢的人，他善良、正直、谦虚、体贴、睿智，还略带点黑色幽默。

世界各地的报纸纷纷引用各界名人对阿姆斯特朗的赞美之词，当然这些名人也包括他的生死之交——奥尔德林和柯林斯。

"阿姆斯特朗是我心目中
最优秀的飞行员。"

——巴兹·奥尔德林

"阿姆斯特朗是最棒的飞行员。
我会想念他的。"

——迈克尔·柯林斯

在他的葬礼上，喷气式战斗机排成特别阵列向他致敬。当时的美国总统奥巴马下令**下半旗**向尼尔·阿姆斯特朗致敬。

小贴士

下半旗也称"降半旗"，是表示哀悼的重要礼节。

阿姆斯特朗去世后不久，他的家人发布了新闻稿。新闻稿里写道：

"有些人可能会问，他们能做些什么来纪念阿姆斯特朗……

"下次当你走在

明朗的夜空下，

看到月亮朝你微笑……

"如果你想到了

尼尔·阿姆斯特朗，

就对着月亮眨眨眼吧！"

时间线

1930 年

1930 年 8 月 5 日，尼尔·阿姆斯特朗在美国俄亥俄州沃帕科内塔镇出生。

1946 年

1946 年 8 月，十六岁的阿姆斯特朗考取了飞行员执照。

飞行员执照

1946 年 8 月

1947 年

十七岁的阿姆斯特朗前往普渡大学主修航空工程学。

1949 年

1949 年 2 月，阿姆斯特朗开始在美国海军部队接受飞行员训练。

1955 年

大学毕业，获得工程学学位，开始在美国国家航空咨询委员会担任试飞员。

1956 年

1956 年 1 月，阿姆斯特朗同珍妮特·希伦结婚。

1961 年

苏联宇航员尤里·加加林成为第一个进入太空的人。

1962 年

1962 年 9 月，约翰·肯尼迪总统发表了关于登月任务的重要讲话。尼尔·阿姆斯特朗加入执行美国太空计划的行列。

1966 年

1966 年 3 月 16 日，乘坐"双子星座" 8 号飞船执行首次太空飞行任务。

1969 年

1969 年 7 月 16 日，尼尔·阿姆斯特朗、巴兹·奥尔德林、迈克尔·柯林斯乘坐的宇宙飞船从位于佛罗里达州的肯尼迪宇航中心发射升空。

1969 年

1969 年 7 月 21 日，阿姆斯特朗成为第一个在月球表面行走的人。

1969 年

1969 年 7 月 24 日，阿姆斯特朗、奥尔德林、柯林斯乘坐的指令舱溅落太平洋，后受到美国总统尼克松的接见。

1971 年

阿姆斯特朗离开美国国家航空航天局，前往辛辛那提大学教书。

1986 年

美国"挑战者"号航天飞机在发射过程中爆炸坠毁。阿姆斯特朗担任事故调查委员会的副会长。

1994 年

阿姆斯特朗同珍妮特离婚。后来他同卡罗尔·赫尔德·奈特结婚。

2010 年

2010 年 5 月，阿姆斯特朗同美国国家航空航天局的宇航员们一道反对奥巴马总统取消美国的航天项目。

2012 年

2012 年 8 月 25 日，尼尔·阿姆斯特朗在俄亥俄州辛辛那提市与世长辞。

开动脑筋

距离尼尔·阿姆斯特朗的月球行走已有50多年，太空仍有很多东西有待我们去探索发现。你能设想一下，再过50年，我们会在哪里吗？

有各种各样的传闻说"阿波罗"11号上的宇航员们在前往月球的途中看见了不明飞行物（UFO）。在飞往月球的第三天，奥尔德林看到一个物体在太空中闪烁，就好像外星飞船在向他们发射信号。休斯敦地面控制中心对他们的报告也无法给出合理的解释，最终只能解释那是一枚废弃火箭的组成部分在太空旋转时，被太阳光照射到所发出的闪光。你认为阿姆斯特朗他们三位宇航员有可能看到了UFO吗？

从地球往返月球是一次漫长的旅行。为了消磨时间，三位宇航员经常互开玩笑。那么，如果换作是你，你会做什么事儿打发时间和娱乐呢？

阿姆斯特朗和奥尔德林都不知道他们能否活着从月球回来。你认为，当初他们发誓要完成登月任务时，是什么让他们舍生忘死的？

尼克松总统提前准备好了演讲稿，如果阿姆斯特朗和奥尔德林不幸在月球遇难，他就会发表演讲以纪念陨落的英雄。你读过这篇演讲稿吗？

索引

引用来源

　　尼尔·阿姆斯特朗唯一一本授权的传记是由詹姆斯·汉森写的，名为《第一人：尼尔·阿姆斯特朗的生活》，由西蒙＆舒斯特出版公司出版。创作这本书是非常有价值和有意义的。

　　美国国家航空航天局的官方网站（www.nasa.gov）上给出的"阿波罗"11号登月任务的各种细节信息（包括宇航员同地面控制中心的完整通讯记录）很有用处。

　　来自美国国家航空航天局约翰逊航天中心口述史项目部的斯蒂芬·安布罗斯博士和道格拉斯·布林克利博士对阿姆斯特朗的采访也很有帮助（www.jsc.nasa.gov）。

　　本书还参考了几个尼尔·阿姆斯特朗的采访视频，如尼尔·阿姆斯特朗采访（BBC，1970年）和"阿波罗"11号宇航员采访（NASA，1989年5月25日）。

　　文中引语来自《第一人：尼尔·阿姆斯特朗的生活》以及网站（www.brainyquote.com）。

　　维基百科也提供了各种与尼尔·阿姆斯特朗生活、"双子星座"计划、"阿波罗"计划相关的信息。

图书在版编目（CIP）数据

尼尔·阿姆斯特朗：向月球出发 /（法）马丁·霍华德著；（澳）芙蕾达·赵绘；苏艳飞译.—成都：天地出版社，2021.7
（非凡成长系列）
ISBN 978-7-5455-6355-9

Ⅰ.①尼… Ⅱ.①马… ②芙… ③苏… Ⅲ.①阿姆斯特朗(Armstrong, N.A.1930-2012)- 生平事迹- 青少年读物 Ⅳ.①K837.126.16-49

中国版本图书馆CIP数据核字(2021)第071271号

著作权登记号　图进字：21-2021-189

NIER · AMUSITELANG; XIANG YUEQIU CHUFA

尼尔·阿姆斯特朗：向月球出发

出 品 人	杨　政	策划编辑	李婷婷
总 策 划	陈　德　戴迪玲	责任编辑	奉学勤
著　　者	[法]马丁·霍华德	营销编辑	李倩雯　吴　咚
绘　　者	[澳]芙蕾达·赵	美术设计	谭启平
译　　者	苏艳飞	责任印制	刘　元　葛红梅

出版发行　天地出版社
　　　　　（成都市槐树街2号　邮政编码：610014）
　　　　　（北京市方庄芳群园3区3号　邮政编码：100078）
网　　址　http://www.tiandiph.com
电子邮箱　tianditg@163.com
经　　销　新华文轩出版传媒股份有限公司

印　　刷　北京文昌阁彩色印刷有限责任公司
版　　次　2021年9月第1版
印　　次　2021年9月第1次印刷
开　　本　880mm×1230mm 1/32
印　　张　3.75
字　　数　80千字
定　　价　28.00元
书　　号　ISBN 978-7-5455-6355-9

版权所有◆违者必究

咨询电话　(028) 87734639（总编室）
购书热线　(010) 67693207（营销中心）

如有印装错误，请与本社联系调换。